AF359081

LA DOUBLE ÉPREUVE,

OU

COLINETTE A LA COUR,

COMÉDIE-LYRIQUE,

EN TROIS ACTES,

Représentée pour la premiere fois sur le Théâtre de l'Académie impériale de Musique, le mardi premier janvier 1782, et Remise le mercredi 24 janvier 1810.

A PARIS,

Chez Roullet, Libraire du Théâtre de l'Académie Impériale de Musique, rue des Poitevins, n°. 7.

1810.

Les Paroles sont de M. LOURDET-DE-SANTERRE.

La Musique de M. GRETRY.

Les Ballets sont de la composition de M. MILON, second maître de Ballets de l'Académie Impériale de Musique.

AVERTISSEMENT.

L'AUTEUR de ce Poëme n'a eu, en écrivant, d'autre prétention que d'essayer sur la Scène lyrique une Comédie qui réunit le sérieux à la gaîté, qui offrit à la musique de nouveaux effets à peindre par le contraste des genres divers, et qui fût en même tems susceptible de tous les agrémens nécessaires, qui font de l'Opéra le plus riche et le plus séduisant des Spectacles.

Il a cru trouver tout ce qu'il desiroit dans le sujet très-connu de Ninette à la Cour; *et peu jaloux de la gloire de l'invention, il ne s'est fait aucun scrupule de s'en emparer : les Théâtres étrangers, comme les Théâtres anciens, sont un fond commun où il est permis à tout le monde de puiser. Et pourquoi plusieurs Poëtes n'auroient-il pas la liberté de faire d'un Opéra-Bouffon Italien ce qu'on fait des Tragédies de* Sophocle *et d'*Euripide *?*

L'Auteur sait avec quel art et quel succès le Bertholdo *Italien a été parodié et embelli par ce* Poëte *aimable et fécond*, son maître et son ami, dont les Ouvrages respirent le goût, l'élégance et la gaîté.*

Ce même Opéra-Comique a été ensuite transformé en un Ballet charmant qu'on re-

---

* M. Favart

2

*voit toujours avec le même plaisir sur le Théâ-
tre lyrique.*

*Deux essais si heureux imposoient à l'Au-
teur la nécessité de s'écarter un peu et de l'O-
riginal Italien, et de son ingénieux imitateur,
afin de ne pas reproduire aux yeux du Public
les mêmes tableaux et les mêmes situations.*

*Le desir d'éviter des ressemblances trop for-
tes, et de mettre en même-tems un peu plus
de vraisemblance dans l'action, l'a fait renoncer à quelques situations, qui auroient pu
répandre plus d'intérêt et de comique dans son
Drame ; il a tâché d'y suppléer par la rapi-
dité du Dialogue, par le mouvement de la
Scène, et par la variété des tableaux. La Re-
présentation seule peut lui apprendre jus-
qu'à quel point il mérite l'indulgence du
Public.*

ACTEURS ET ACTRICES

CHANTANS DANS LES CHŒURS.

Coté droit.		Coté gauche.	
Mes.lles. Messieurs.		*Mes.lles. Messieurs.*	
Hymm.	BASSES.	Lorinzitti.	BASSES.
Lefébvre.	Le Cocq.	Percillies.	Moreau.
Augué.	Devilliers.	Lesbre.	Picard.
Florigni.	Le Roy.	Mullot l'a.	Adrien.
Royer.	Putheau.	Mazieres.	Nisy.
Delboy l'a.	Gonthier.	Reine.	Honebert.
Manthe m.	L'hoste.	La Combe.	Chapelot.
Bertrand.	Aubé	Pelletier,	Prévot.
Gambais.	TAILLES.	Dubois.	HAUT. CONT.
Chevrié.	Chevrier.	Fasquet.	Le Roy.
Proche.	Nocart.	Manthe fil.	Chollet.
Valin.	Beaugrand.	Falcotz.	Gobert.
Beaumont.	Duchamp.	Menars.	Fasquet.
	Le Roy.		Gousse.
	Carbonnier		Lefevre.
	Martin.		Desargus.
	Menars.		Le Maire.
			Courtin.
			Dumas.

ACTE PREMIER.

VILLAGEOIS.

M^r. ELY. Mlle. MARELLIER cadete.

M^rs. Lachouque, Dupuis, Pequeux, Simon, aîné, Bretelle, Josse, Chap, Vidi.

M^les Pierret, Gosselin cad., Pivert, Blanche, Césarine, Virginie, Nanine, Copère.

SUITE DU MAI.

M^r. BEAUPRÉ. Mlle. CHEVIGNI.

M^r. Goyon maître d'Ecole, Enfans villageois.

M^rs. Alexandre, Télémaque, Francisque, Martin, Ragaine, Victor, Didier, Leblond,

Mlles. Mangin, Zéli. Aubry, Lemière, Daguin, Misi Simon, Vigneron, Victoire.

VILLAGEOIS

M^rs. Auguste, Dejazet, Toussaint cadet, Gogot, Lenfant, Paul, Pupet, Fauchet.

Mlles. Mélanie, Jacoto, Fligère, Pansard, Bertin, Marianne, Podevin, Coulon aînée.

SUITE DU PRINCE.

M^rs. L'huilier, Suriot cadet, Justin, Rivière, Baudet, Paillet.

Mlles Adélaïde, Jacoto, Adher, Proche,
Darmancour , Saint - Léger.

ACTE SECOND.

BERGERS GALANTS.

M^r. VESTRIS.

Mmes GARDEL, BIGOTINI.

M^{rs}. Petit , Falcos , Verneuil , Maze,
Courtois, Leblond , Lemière, Beauglin.

Mlles. Delphine , Adélaïde aînée , Duja-
zet , Lily, Ferette , Narcisse.

PRÊTRESSES DE L'AMITIÉ.

Mlles. Letelier , Eliza , Bodson, Lequine.

BOHÉMIENS.

Les 16 villageois de la suite du Mai.

CATALANS.

M^r. BEAULIEU, Mlle. DELISLE.

Les 16 jeunes Villageois du premier Di-
vertissement.

ACTE TROISIÈME.

Les nobles de la suite du Prince , et les
Villageois du premier Acte.

ACTEURS.

Le PRINCE ALPHONSE, Duc de Milan.	M. *Lainez*.
LA COMTESSE AMÉLIE.	Mlle *Armand*.
JULIEN, amoureux de Colinette.	M. *Derivis*.
COLINETTE.	Mlle *Branchu*.
BASTIEN, amoureux de Justine.	M. *Albert*.
JUSTINE.	Mlle *Granier*.
MATHURINE, mère de Justine.	Mlle *Maillard*.
LE BAILLI.	M. *Duparc*.
Une BERGÈRE.	Mlle *Reine*.
Un BOHÉMIEN.	M. *Alexandre*.
Une BOHÉMIENNE.	Mlle *Reine*.
Un ENFANT, figurant l'Amour.	Char. *Vestris*.
FABRICE, confident du Prince.	M. *Bertin*.

Seigneurs de la suite du Prince.

Dames de la suite de la Comtesse.

Le Grand - Veneur.

Troupe de Fauconniers.

Troupe de Catalans.

Troupe de Bohémiens et Bohémiennes.

Troupe de Domestiques du Prince,

Bergers et Bergères.

Garçons et Filles du Village.

Troupe de Masques.

La Scène se passe dans un village, où se trouve un château du Duc de Milan.

Colinette

COLINETTE A LA COUR,

COMÉDIE - LYRIQUE.

ACTE PREMIER.

Le Théâtre représente un Paysage agréable dans le fond, et des Bois sur les côtés.

SCÈNE PREMIÈRE.

JULIEN, BASTIEN, COLINETTE, JUSTINE, *assis sur un banc de gazon.*

QUATUOR.

JULIEN, *à Colinette.*

C'EST demain que l'on nous marie !

BASTIEN, *à Justine.*

C'est demain que j'obtiens ta main !

COLINETTE.

Oui, demain.

JUSTINE.

Oui, demain.

ENSEMBLE.

Le beau jour que demain !

JULIEN.

Colinette, ma chère amie !

A

Pour jamais tu vas être à moi !

BASTIEN.

Ah ! Justine ! ma chère amie !

Pour jamais tu vas être à moi !

COLINETTE, JUSTINE.

Mon cœur t'a donné sa foi ,

Tien, Bastien , c'est pour la vie.

Tien , Julien ,

JULIEN, BASTIEN.

Quel plaisir d'avoir à soi

Femme sensible et jolie !

ENSEMBLE.

JUSTINE, COLINETTE.

Pour jamais je suis toute à toi.

JULIEN, BASTIEN.

Pour jamais je suis tout à toi.

BASTIEN, *à Justine.*

On fait ce soir nos accords chez ta mère.

COLINETTE.

Les violons sont arrêtés.

JUSTINE.

Parens, amis sont invités.

JULIEN.

Et monsieur le Notaire.

BASTIEN.

Tout le village est en joie aujourd'hui ;

Du grand duc de Milan on célèbre la fête.

JULIEN.

Nous sommes plus heureux que lui.

COLINETTE.

Nous irons voir les jeux qu'à sa Cour on apprête.

JULIEN.

Pour s'amuser faut-il tant de façons ?
Jeunes filles, joyeux garçons
Ici ne songent qu'à rire ;
Dans nos danses, dans nos chansons,
La gaîté nous inspire.
Tous les plaisirs d'un grand Seigneur
Ne valent pas les nôtres :
Quand on a chez soi le bonheur,
Le cherche-t-on chez les autres ?

COLINETTE.

Mais je verrois la Cour.

JULIEN.

Quel désir curieux.

COLINETTE.

Mon cher Julien, nous irons tous les deux.

Duo.

COLINETTE.

Que la Cour doit être charmante !

JULIEN.

Non, la campagne est plus riante.

COLINETTE.

Dans un Château tout brillant d'or,
Des Dames en riche parure,
En dantelle, en belle frisure !

JULIEN.

Ton simple habit te pare mieux encor.

COLINETTE.

Que la Cour, *etc.*

JULIEN.

Non, la Campagne, *etc.*

COLINETTE.

Des Seigneurs si jolis,
Si galans , si polis
Avec les Dames.

JULIEN.

Mais avec les maris.

COLINETTE.

Ah ! pour les femmes,
Quel beau pays !

ENSEMBLE.

COLINETTE.

Ah ! pour les femmes
Quel beau pays !

JULIEN.

Pour les maris ,
Maudit pays !

COLINETTE, *à Justine.*

Qu'il est jaloux !

JULIEN, *à Bastien.*

Qu'elle est coquette !

COLINETTE.

Chacun viendroit
Fêter ta Colinette ,
Chacun diroit :
Comme elle est faite !
Ah ! qu'elle est bien !
C'est avec Julien
Qu'elle se marie :
Heureux , heureux Julien !
Que ta femme est jolie !

Chacun te caresseroit,
Chacun te courtiseroit.

JULIEN.

Pour me ravir Colinette.

COLINETTE, *à Justine.*

Qu'il est jaloux !

JULIEN, *à Bastien.*

Qu'elle est coquette !

COLINETTE.

Comme Colinette en riroit.

JULIEN.

Comme Julien enrageroit ?

JULIEN.

Tien, finis, tu me fais une frayeur mortelle !

COLINETTE.

Que crains-tu ? je t'aime.

JULIEN.

Crois moi,

N'allons pas à la Cour.

COLINETTE.

Non, non, rassure-toi.

SCÈNE II.

JULIEN, BASTIEN, JUSTINE, COLINETTE, Troupe *de* BERGERS *et* BERGERES, *portant des cages et des filets.*

CHŒUR *de* BERGERS.

Que la matinée est belle !
Quel Ciel pur ? quel air frais !
Sous la verdure nouvelle
Que de plaisirs à peu de frais !

JULIEN.

Arrivez donc Troupe joyeuse ,
Votre pipée est prête.

BASTIEN.

Elle doit être heureuse.

LE CHŒUR.

Que la matinée, *etc.*

(*On danse.*)

JULIEN.

Par leurs chants ces oiseaux semblent nous appeler.

BASTIEN.

De branche en branche ils ne font que voler :
Allons nous cacher sous l'ombrage.

LE CHŒUR.

A l'ouvrage, à l'ouvrage :
Préparons nos filets,

Tenons-nous aux aguets :
Eh ! paix ! paix ! paix !

(Pendant ce Chœur, Julien et Bastien, suivis
des Bergers et Bergères se dispersent dans le
bois.)

SCÈNE III.

JUSTINE, COLINETTE.

JUSTINE.

Tu ne viens pas ? qu'as-tu donc ma Cousine ?

COLINETTE.

Je pense avec regret au refus de Julien :
Sa jalousie. . . .

JUSTINE.

Et cela te chagrine !
Je ne me plaindrois pas de voir ainsi Bastien.

DUO.

JUSTINE.

La jalousie
Prouve l'ardeur de notre amour.

COLINETTE.

La jalousie
Est une offense pour l'amour.
Mon cœur se donne sans détour,
Je veux qu'à lui l'on se confie.

JUSTINE.

Sur son bonheur quand on se fie ;
On aime moins de jour en jour.

ENSEMBLE.

La jalousie , *etc.*

COLINETTE.

Un jaloux vous gronde sans cesse.

JUSTINE.

Quand il se plaint c'est par tendresse.

COLINETTE.

Un seul regard peut l'offenser.

JUSTINE.

Un seul regard sait l'appaiser.

ENSEMBLE.

La jalousie, *etc.*

COLINETTE.

Tiens , n'en parlons pas davantage.

JUSTINE.

Ne songeons qu'à nous amuser.

COLINETTE.

Que de Chasseurs en brillant équipage !

JUSTINE.

Sans doute c'est le Prince.

COLINETTE.

Allons sur son passage.

SCÈNE

SCÈNE IV.

Le fond du Théâtre change, et représente un Château avec une Cour, et des Avenues d'arbres.

LE PRINCE ALPHONSE, LA COMTESSE, AMELIE, SEIGNEURS *et* DAMES *de la Cour , portant l'oisel sur le poing.*

TROUPE *de* FAUCONNIERS , *Suite de* PAYSANS.
(*La Marche traverse le Théâtre.*)

LE PRINCE.

VIVE la chasse à l'oiseau!
Adresse , force et courage ,
De la guerre offrent l'image :
C'est à chaque combat un triomphe nouveau.

LE CHŒUR.

Vive la chasse à l'oiseau !

LE PRINCE, *à la Comtesse.*

A nos plaisirs belle Amélie ,
Vous prêtez de rians appas ,
Mais voulez-vous toujours, en n'aimant pas ,
Renoncer au bouheur le plus doux de la vie ?

LA COMTESSE.

Ne suis-je donc pas votre amie?

LE CHŒUR.

Que ces bois ont d'attraits !
L'agréable chasse !
En courant les forêts ,

B

C'est l'ennui qu'on chasse :

Les chagrins, les regrets
Au plaisir font place ;
Ces ombrages secrets,
Pour l'amour sont faits.

Le fripon est au aguets,
Et nous poursuit à la trace ;
Prenons garde à ses filets,
Il joint la ruse à l'audace :

Que ces bois ont d'attraits!
L'agréable chasse !
Ces ombrages secrets,
Pour l'amonr sont faits.

*(La Marche suivie de toute la Cour, rentre dans
le bois : Colinette se trouve au passage du Prince, qui la regarde avec attention, et la sa-
lue.)*

SCÈNE V.
COLINETTE, *seule.*

Le charmant Prince ! et comme il est honnête !
Comment Julien craint-il que j'aille à cette fête ?
Ne puis je donc sans lui !... ce seroit l'affliger.
        (On entend le chant d'un Rossignol,)
D'un Rossignol j'entends le doux ramage.

SCÈNE VI.

COLINETTE, un BERGER,
JULIEN, *caché.*

Le BERGER, *donnant à Colinette une cage
avec deux oiseaux.*

Jeune Bergere, acceptez cet hommage.
COLINETTE, *prenant la cage.*
J'en suis reconnoissante. Ah ! le galant Berger !
JULIEN, *caché.*
Que vois-je ? elle est sensible aux soins qu'il prend
pour elle.
Le BERGER, *à Colinette.*
Il m'est doux de vous obliger.

SCÈNE VII.

COLINETTE, JULIEN, *caché.*
COLINETTE, *caressant les deux oiseaux.*

Petits Oiseaux, venez je vous prépare
Un esclavage bien doux ;
D'un tendre cœur lorsque l'Amour s'empare,
Il est moins libre que vous :
Vous sentirez bientôt tout l'avantage
D'une telle captivité ;
Regrette-t-on jamais la liberté,
Quand le plaisir en dédommage.

JULIEN.

Vous avez vu le Prince, êtes-vous satisfaite ?

COLINETTE.

Oui, mon ami.

JULIEN.

Je le crois ,... Colinette !...

Le Prince...

COLINETTE.

Est si poli : qui peut donc te fâcher !

JULIEN.

Comme il vous regardoit !

COLINETTE.

Pouvois-je l'empêcher ?

JULIEN.

Je vous observois en cachette ,
J'ai vu vos yeux sur les siens s'attacher.

COLINETTE.

Quel reproche ?

JULIEN.

Oh ! j'ai tort.

COLINETTE.

Mon ami !

JULIEN,

La coquette !
Et ce Berger qui vous fait un présent !
Vous l'acceptez ?

COLINETTE.

Quel mal ai-je pu faire?

JULIEN.

Son hommage a paru vous plaire !
Si c'étoit un rival !

COLINETTE.

Ah! quel doute offensant?

D U O.

COLINETTE.

Quoi! la veille d'un mariage,
Soupçonner ma bonne foi?
C'est trop me faire outrage.

JULIEN.

Quoi! la veille d'un mariage,
D'un autre Berger que moi,
Vous recevez l'hommage.

ENSEMBLE.

JULIEN.

Pauvre Julien! Ah! quel chagrin pour toi!

COLINETTE.

Ah! Colinette! Ah! quel malheur pour toi!

JULIEN.

Mais vous n'aurez pas l'avantage
D'être fiere de son présent :
Je brise, brise la cage.

(*Il lache les deux Oiseaux, et brise la cage.*)

COLINETTE.

Ah! quelle jalouse rage.

ENSEMBLE.

Triomphez donc à présent.

COLINETTE.

De ma tendresse extrême
Voilà le prix que je reçoi.

JULIEN.

De ma tendresse extrême

Voilà le prix que je reçoi.
Cruelle !

COLINETTE.

Ingrat !

ENSEMBLE.

Faut-il que malgré moi,
Que malgré moi toujours je t'aime !

JULIEN.

Pauvre Julien ! va , je renonce à toi.

COLINETTE.

Ah ! Colinette ? Ah ! quel malheur pour toi !

SCÈNE VIII.

COLINETTE, *seule d'abord*, *ensuite*
LE PRINCE *et* FABRICE.

COLINETTE.

Il m'abandonne : hélas ! sans lui pourrai-je vivre ?
Julien , Julien ! à quels maux il me livre !

(*Elle s'assied et se cache le visage en pleurant.*)

TRIO.

LE PRINCE, *à Fabrice.*

Je veux revoir cet objet enchanteur.
FABRICE, *montrant* COLINETTE *au* PRINCE
C'est lui.

LE PRINCE *à Colinette.*

Que faites-vous seule dans ces retraites,
Aimable enfant !

COLINETTE, *s'essuyant les yeux.*

Ah ! Monseigneur !

LE PRINCE.

Quoi ! vous pleurez !

COLINETTE, *soupirant.*

Oui , Monseigneur.

LE PRINCE, *et* FABRICE.

Jeune et belle comme vous êtes ,
Quel chagrin peut donc vous troubler ?

COLINETTE.

Monseigneur , je suis bien à plaindre.

LE PRINCE.

Parlez , parlez sans feindre.

COLINETTE.

Non , non , laissez-moi m'en aller.

LE PRINCE.

Ne pourroit-on vous consoler.

ENSEMBLE.

COLINETTE.

Nou, non , laissez-moi m'en aller.

LE PRINCE

Ne pourroit-on vous consoler ?

FABRICE.

Monseigneur veut vous consoler.

LE PRINCE.

Venez voir nos Fêtes.

COLINETTE.

Des Fêtes !

FABRICE.

Vous y danserez.

LE PRINCE.

Vous les embellirez.

COLINETTE.

J'ai du chagrin.

FABRICE.

Vous le dissiperez.

LE PRINCE.

A la Cour vous brillerez.

COLINETTE, *souriant*.

A la Cour !

LE PRINCE.

Oui , vous y ferez

Des conquêtes.

ENSEMBLE.

LE PRINCE, FABRICE.

Vous y ferez des conquêtes.

COLINETTE.

Ah ! vous êtes bien honnêtes.

COLINETTE, *à part*.

Si de Julien ,

Par ce moyen

Je corrigeois la jalousie.

FABRICE, *à part au Prince*.

De la Comtesse Amélie.

Pour vaincre la rigueur ,

Excitez sa jalousie :

C'est une épreuve pour son cœur.

ENSEMBLE.

C'est une preuve pour son cœur.

COLINETTE ,

COLINETTE, *à part.*

En corrigeant sa jalousie.

LE PRINCE, *à part.*

En excitant sa jalousie.

LE PRINCE, COLINETTE, *à part.*

Je ferois mon bonheur.

LE PRINCE, *à Colinette.*

Eh bien ! Eh bien ! belle ! pleureuse,

Vous viendrez avec nous.

COLINETTE.

Oui, mais... c'est que.. c'est que... je suis honteuse.

LE PRINCE.

Venez, rassurez-vous,

Venez ma chère amie.

FABRICE.

Monseigneur, elle est fort jolie.

COLINETTE.

A Monseigneur je me confie.

ENSEMBLE.

Si mon projet peut réussir :

Ah ! quel plaisir !

LE PRINCE *rentre dans le bois*, FABRIGE *le suit
donn lca main à* COLINETTE.

———

SCÈNE IX.

LE BAILLI *du Village*, TROUPE *de jeunes*
GARÇONS *et jeunes* FILLES *quî portent un*
Mai, et des guirlandes de fleurs.

LE CHŒUR.

LE doux Printems au plaisir nous rappelle,
Plantons le Mai, chantons le Mai ;
On a l'esprit, le cœur plus gai,
  Dans la Saison nouvelle :
L'Amour joyeux mène sur les gazons,
Rire et danser fillettes et garçons ;
    L'Amant fidèle,
    Porte à sa belle,
    Rose nouvelle,
  En chantant d'un air gai :
  Plantons le Mai, chantons le Mai.
Le doux Printems au plaisir nous rappelle.

(Les jeunes Garçons vont planter le Mai au milieu
de la cour du château, et les jeunes Filles l'en-
tourent de guirlandes.)

                (*On danse.*)

LE BAILLI.

Faites briller votre zèle,
Chantez d'une ardeur nouvelle
Notre Prince à l'unisson :
Qu'il est aimable, et qu'il est bon !

Le CHŒUR.

Chantons, chantons, à l'unisson ;
Qu'il est aimable et qu'il est bon !

Le BAILLI.

Par ses soins, sa bienfaisance
Règnent la joie et l'abondance,
Tout est heureux dans ce canton.

Le CHŒUR.

Qu'il est aimable, *etc.*

Le BAILLI.

Pour le bonheur des Familles,
Il aime à marier les filles :
Des Amoureux c'est le patron.

Le CHŒUR.

Chantons, *etc.*

(*Les Gens du Prince et les Femmes de la Comtesse sortent du Château, et viennent se joindre aux Gens du Village.*)

(*On danse.*)

RONDE.

Le BAILLI.

Venez tous danser une ronde ;
Mes chers amis, prenez-vous par la main :
Que mon joyeux refrain
Vous mette tous en train,
Qu'à pleine voix chacun réponde :
Sans la gaîté, sans les amours,
Point de Printems, point de beaux jours,
Point de Printems sans les amours.

LE CHŒUR.

Sans la gaîté, *etc.*

UNE BERGÈRE.

La Raison grondeuse et sévère,
De tout Amant nous dit de nous garder ;
Le cœur dit de céder ;
Comment les accorder ?
D'un baiser l'Amour la fai ttaire.

LE CHŒUR.

Sans gaîté, *etc.*

Une autre BERGÈRE.

L'Amant joyeux qui nous amuse
Ne peut jamais avec nous avoir tort;
Son indiscret transport
Nous fâche un peu d'abord ;
Mais le plaisir bientôt l'excuse.

LE CHŒUR.

Sans la gaîté, *etc.*

UN BERGER.

Agnès est triste et languissante,
De ses attraits tout l'éclat se flètrit :
Un Amant l'attendrit ,
Sa beauté refleurit ,
On croit voir la rose naissante.

LE CHŒUR.

Sans la gaîté, *etc.*

UN VIEILLARD.

Dans l'Hiver même de notre âge
On voit encor notre santé fleurir;
Nous semblons rajeunir,

C'est qu'Amour et Plaisir
Sont les Médecins du Village.
   Le CHŒUR.
Sans la gaîté, *etc.*

Fin du premier Acte.

ACTE SECOND.

Le Théâtre représente une Galerie.

SCÈNE PREMIERE.

La COMTESSE, Le PRINCE.

La COMTESSE.

Quoi toujonrs votre cœur soupire!

LE PRINCE.

Oui, pour vous seule je respire,
D'un seul regard vous savez me charmer :
Graces, beauté, vertus, tout sert à m'enflammer.
Je cède au charme qui m'attire ;
Js ne sais plus que vous aimer,

La COMTESSE.

Ah ! cher Prince !

LE PRINCE.

Belle Amélie !

La COMRESSE,

Vous affligez mon cœur.

LE PRINCE.

Je ne puis l'attendrir !

·La COMTESSE.

Oubliez - vous que je suis votre amie ?

LE PRINCE.

Hélas !

La COMTESSE.

Quel sentiment plus doux vous puis-je offrir!

D u o.

L e P R I N C E.

Comme moi lorsque l'on aime,
L'amour seul peut payer l''Amour.

L a C O M T E S S E.

Comme moi, lorsque l'on aime;
L'amitié surpasse l'amour.

L e P R I N C E.

Je fais mon bien suprême,
De mieux vou aimer chaque jour.

L a C O M T E S S E.

Pour mieux vous plaire chaque jour,
Je prends un soin extrême.

L e P R I N C E.

Je vous consacre tous mes vœux :

L a C O M T E S S E.

Tous les miens sont pour vous de même,
Mais n'ayons point d'amour, il est trop dangereux.

L e P R I N C E.

Jamais sans votre amour je ne puis être heureux.

E n s e m b l e.

Non, n'ayons point d'amour, etc.
Jamais sans votre amour, etc.

L e P R I N C E.

Respects, égards, soupirs, constance;
Tout de moi vous est importun.

L a C O M T E S S E.

Peines, plaisirs, soins, complaisance,
Tout entre nous sera commun.

LE PRINCE.

Daignez m'entendre !

LA COMTESSE.

Restons amis :

LE PRINCE.

Ce cœur si tendre...

LA COMTESSE.

Vous est soumis.

LE PRINCE.

Il faut vous rendre :

LA COMTESSE.

Non, non, fuyons l'amour, il est trop dangereux.

ENSEMBLE.

Jamais sans votre amour je ne puis être heureux ;
Non, non, fuyons l'amour, il est trop dangereux.

LA COMTESSE.

Faites cet effort sur votre ame.

LE PRINCE.

Il faut vous obéir... oublier vos mépris...
Porter ailleurs les vœux de ce cœur tout de flamme ;
Peut-être une autre en sentira le prix.

LA COMTESSE.

Jamais autant que moi.

LE PRINCE.

Trop cruelle Amélie !

SCÈNE

SCÈNE II.

LE PRINCE, LA COMTESSE, FABRICE.

FABRICE

PRINCE, Colinette me suit.

(A part au Prince.)
Songez à feindre.
LA COMTESSE.
Elle est, dit-on , jolie?
LE PRINCE.
Fort sensible sur-tout , et l'amour l'embellit.
FABRICE, *à part*, *au Prince.*
Colinette avec nous , sera d'intelligence ;
Et vous avez même intérêt tous deux.
LE PRINCE, *à part*, *à Fabrice.*
Oui, mais elle est aimée : ah ! quelle différence!
Et que ce Julien est heureux !

SCÈNE III.

LE PRINCE, LA COMTESSE,
FABRICE, COLINETTE.

LA COMTESSE, *à Colinette.*

MA petite , approchez.
COLINETTE, *faisant la révérence.*
Madame...

D

LA COMTESSE.

On vous l'ordonne.

LE PRINCE, *prenant Colinette par la main.*

Ma belle enfant, ne craignez rien.

COLINETTE.

Monseigneur me rassure, il a l'ame si bonne !

LE PRINCE.

Que ce simple habit lui sied bien !

(*A la Comtesse.*)

Comment la trouvez-vous ?

LA COMTESSE, *au Prince.*

Pas mal... point de maintien !

Et l'air coquet ;

LE PRINCE.

Elle en est plus aimable.

CHŒUR, *qu'on ne voit pas.*

Célébrons un Prince adorable !

LE PRINCE.

Qu'entends-je ?

LA COMTESSE.

Vous verrez qu'on s'occupe de vous !

LE PRINCE, *à Colinette qui sort*

Quoi ! vous sortez ?

COLINETTE.

Peut-être ma présence,

A Madame déplaît.

LA COMTESSE, *d'un air fier.*

C'est vous flatter, je pense ;

LE PRINCE, *à Colinette.*

Restez.

LA COMTESSE, *à part.*

Comme elle est fière, avec ce ton si doux !

SCÈNE IV.

LE PRINCE, LA COMTESSE, COLINETTE, FABRICE, FEMMES *de la Comtesse, habillées en Nymphes, portant des corbeilles de fleurs ;* GENS *du Prince, caractérisant les ris et les jeux.*

LE CHŒUR.

CÉLÉBRONS un Prince adorable,
Chantons ses bienfaits.

LA COMTESSE.

Un sentiment pur et durable,
Lui soumet nos cœurs à jamais ,
Pour le bonheur de ses sujets ;
Qu'il vive à jamais !

LE CHŒUR.

Célébrons, *etc.*   (*On danse.*)

LA COMTESSE , *offrant une couronne au Prince.*

Cette simple couronne ,
Est le tribut de l'amitié ,
Et tous les cœurs sont de moitié ,
Quand le mien vous le donne.

LE PRINCE, *froidement.*

De leur zèle et de tous vos soins ,
Je sens le prix.

LA COMTESSE.

Peut - on vous aimer moins
Tendre amitié , viens embellir nos fêtes ,
Régne sur nous ;

2

De tes conquêtes,
Que l'Amoursoit jaloux.
LE CHŒUR.
Tendre amitié, viens embellirnos fêtes,
Régne sur nous.   (*On danse.*)
UNE DES NYMPHES.
C'est bien à tort qu'on se propose,
D'être heureux en aimant ;
L'Amour, au premier moment,
Intéressant,
Vif et pressant,
Nous fait serment
D'être charmant ;
Ah ! comme il ment !
Que de chagrins ensuite il cause !
Craignez l'Amour et ses douceurs.
Jeunès cœurs,
L'épine est sous la rosè.
UNE AUTRE NYMPHE.
Des dangers auxquels on s'expose ,
La raison nous iustruit
De sa leçon l'on se rit.
Beauté séduit,
Desir conduit,
Plaisir le suit ;
A petit bruit
L'Amour s'enfuit.
Que de chagrins alors il cause !
Craignez l'Amour et ses douceurs.
Jeunes cœurs,
L'épinc est sous la rose.

SCÈNE V.

LA COMTESSE, LE PRINCE,
FABRICE, COLINETTE.

LE PRINCE, *à la Comtesse.*

QUE l'amitié près de vous a d'appas !

LA COMTESSE.

Elle méritoit bien un cœur tel que le vôtre.

LE PRINCE.

L'amour y règne encor.

LA COMTESSE.

Que dites-vous ?

LE PRINCE, *à part.*

(*à la Comtesse.*)　　　　　Hélas !
Ne craignez rien, mon cœur peut brûler pour un autre.

LA COMTESSE, *avec étonnement.*

Pour une autre !

LE PRINCE.

A présent vous ne vous plaindrez pas,
Et vous verrez, si votre ami vous aime.

(*A Colinette, lui donnant la couronne.*)

Du tendre amour, je trouve en vous les traits.
Et votre cœur à sa douceur extrême :
　　Couronner vos attraits,
　　C'est fêter l'Amour même.

LA COMTESSE, *à part.*

Elle pourroit lui plaire !

COLINETTE, *au Prince.*

Un si doux compliment...

A la Comtessse.

Madame, c'est à vous ;

LA COMTESSE. *ironiquement.*

Ah ! je me rends justice !

LE PRINCE, *à la Comtesse.*

L'Amie, au moins , doit excuser l'Amant ;

LA COMTESSE. (*à part.*)

Je vous excuse aussi : quel étrange caprice ?

(*au Prince.*)

Ce cœur épris si vivement. . . .

LE PRINCE.

Il étoit tout à vous.

LA COMTESSE.

Il a changé sans peine.

LE PRINCE.

A vos ordres soumis , je dois briser ma chaîne !

LA COMTESSE.

Le noble choix !

LE PRINCE.

Elle est bien jeune encor ;

Mais elle sait aimer.

FABRICE, *à part , au Prince.*

Courage , on vous regrette

COLINETTE , *naïvement.*

Ah ! qui n'aimeroit pas Monseigneur !

LA COMTESSE , *d'un air piqué.*

La coquette

LE PRINCE.

Oh ! Colinette est un trésor.

L A   C O M T E S S E, *avec dépit.*

Oui, la conquête est brillante ;
  Triomphez de votre choix :
Fier de l'objet qui vous enchante,
Allez servir, et ramper sous ses lois.

SCÈNE VI.

La COMTESSE, Le PRINCEF, ABRICE, COLINETTE.

L A   C O M T E S SE.

Quel dédain !

FABRICE.
        Son dépit dans ses regards éclate,
Elle aimera

Le PRINCE.
Que cet espoir me flatte !

COLINETTE.
Mais vous m'aviez promis que Julien, Monseigneur.

FABRICE.
Il va venir, vous serez satisfaite :
Vous le verrez paré comme un Seigneur.

SCÈNE VII.

LE PRINCE, FABRICE, COLINETTE,
JULIEN, *en habit doré.*

COLINETTE.

C'EST lui !

JULIEN, *à part.*

Je l'apperçois : quel moment pour mon cœur !

QUATUOR.

LE PRINCE, *baisant la main à Colinette.*

A dieu, charmante Colinette,
Votre bonheur m'est cher comme le mien.

JULIEN, *à part.*

Oh ! la perfide Colinette,
Je suis trahi ! quel malheur est le mien ?

COLINETTE, FABRICE, *présentent Julien au
Prince.*

Monseigneur, c'est Monsieur Julien !

LE PRINCE, *à Julien.*

Par amitié pour Colinette,
On vous protège mon ami.

COLINETTE, *à Julien.*

On vous protège mon ami,
Votre fortune est faite.

ENSEMBLE.

ENSEMBLE.

COLINETTE.

On vous protège mon ami.

JULIEN.

Peut-elle me traiter ainsi !

L e PRINGE.

Que ne suis-je aimé comme lui.

FABRICE.

Vous serez aimé comme lui.

SCÈNE VIII.

COLINETTE, JULIEN.

COLINETTE.

E h ! bien Monsieur Julien !

JULIEN, *à part*

J'étouffe de colère.

COLINETTE.

Qu'il a bon air ! quelle agréable humeur !
    C'est un Seigneur ,
    Un grand Seigneur ;
    Que de jaloux il va faire :
    Ah ! Monseigneur !
    Mon beau Seigneur ?
    Peut-on espérer vous plaire !
Ah! se seroit pour moi beaucoup d'honneur.

JULIEN.

Perfide ! oses-tu rire encor de ma douleur !

E

COLINETTE.

Toujours jaloux :

JULIEN.

Toujours t'aimant pour mon malheur;
Au désespoir, veux-tu donc me réduire ;
Veux-tu causer ma mort,
Toi qui m'aimois avec transport ?
De ta main, faut-il que j'expire ?
Prends pitié de mon sort.

COLINETTE, *à part.*

C'est à regret qne je l'afflige,
Notre boubeur l'exige.

JULIEN, *à part.*

Il faut faire un dernier effort.

DUO.

JULIEN.

Ah ! Colinette, est-il possible,
Que tu veuilles trahir ta foi ?

COLINETTE.

Julien, Julien est-il possible,
D'aimer un jaloux comme toi.

JULIEN.

C'est l'effet d'un cœur trop sensible :
Hélas ! hélas ! pardonne-moi.

COLINETTE.

Mon ame est aussi trop sensible,
Je souffrirois trop avec toi.

JULIEN.

Tout le Village se chagrine,
Bastien, ta tante, ta cousine ;
Ils sont tous au désespoir.

Eh bien ! Eh bien ! j'irai les voir.

JULIEN.

Nos accords se faisoient ce soir.

COLINETTE.

Nous avons un grand bal ce soir ;
Le Prince m'y conduit lui-même.

JULIEN.

Le Prince ! ah ! ciel !

COLINETTE.

Te voilà donc !
Et c'est ainsi que Julien m'aime.

JULIEN,

Pardon . pardon.

COLINETTE.

Oh ! oui, pardon.

JULIEN.

Tien, Colinette, je te jure,
De n'être plus jaloux de toi.

COLINETTE.

Viens au bal pour m'en rendre sûre,
Tu verras le Prince avec moi,
Le Prince à des bontés pour moi.

JULIEN.

Des bontés pour toi !

ENSEMBLE.

COLINETT.

Le Prince à des bontés pour moi,

JULIEN.

C'est fait de moi.

COLINETTE.

Un Prince est pour Julien un rival redoutable.

JULIEN.
Mais tu m'aimes.

SCÈNE IX.

JULIEN, COLINETTE, LA COMTESSE,
LE PRINCE, FABRICE.

LA COMTESSE, *au Prince, au fond du
Théâtre.*

JE dois vous guérir malgré vous.
JULIEN, *aux genoux de Colinette.*
Mon sort dépend de toi, ma crainte est excusable.
COLINETTE.
C'est Monseigneur,

           (*Julien s'enfuit.*)

SCÈNE X.

COLINETTE, LA COMTESSE,
LE PRINCE, FABRICE.

LA COMTESSE, *montrant Colinette au Prince.*

EH! bien! cet objet estimable!
LE PRINCE.
Je connois Colinette, et n'en suis point jaloux.
COLINETTE.
Le Prince, rend justice à mon ardeur fidelle.
LA COMTESSE, *au Prince.*
A quel point votre amour vous aveugle pour elle;
J'ai perdu votre cœur.

L ᴇ P R I N C E.

Quel reproche! croyez....

F A B R I C E, *à part au Prince.*

Observez-vous.

L ᴇ P R I N C E, *à la Comtesse.*

C'est un ami bien tendre ;
Qui peut vous plaire : en moi vous le voyez ...
(*On entend des Hautbois.*)

L ᴀ C O M T E S S E.

Quels chants joyeux se font entendre !

L ᴇ P R I N C E.

Je veux vous fêter à mon tour. (*à part.*)
C'est un moyen du moins, pour lui parler d'amour.

(*A la Comtesse , en lui présentant la main.*)
Venez et sur vos pas les plaisirs vont se rendre.

(*Le Prince donne la main à la Comtesse , pour
sortir : Colinette , et Fabrice les suivent,*)

SCÈNE XI.

*Le Théâtre change, et représente des Bos-
quets de verdure, ornés de treillages, et
illuminés de toutes sortes de couleurs.*

LE PRINCE, LA COMTESSE,
COLINETTE, FABRICE, TROUPE DE
CATALANS, *jouant des Instrumens, des
chars chargés de Bohémiens, et Bohémiennes avec des tambours de basques.*

UN BOHÉMIEN *sur un char.*

JE suis jeune, vif et joyeux :
J'ai pour maître un Docteur fameux ;
  J'annonce les cures
  Qu'il fait en tous lieux;
  Nous avons tous deux
  Des recettes sûres
    Pour être heureux.
  A la froide sagesse
  Nous donnons des desirs ;
  A l'aimable jennesse
  D'agréables loisirs ;
  De riants souvenirs
  A la froide vieillesse :
Accourez, accourez tous ;
On n'est heureux qu'avec nous.

LE CHŒUR.

Accourex, accourez tous;
On n'est heureux qu'avec nous.

(On danse.)

LE BOHÉMIEN, *descend de son char.*
Il faut enfin nous faire ici counoitre,
Et vous dire notre secret ;
Vous voyez le plaisir.

*(Le fond d'un des chars s'ouvre : on voit un petit
Bohémien figurant l'Amour , l'arc à la main ,
prêt à tirer une fléche.)*

Et voilà votre maître :
Le petit BOHÉMIEN, *et le* CHŒUR.
Voilà le trait
Qu'amour vous garde.

(On danse.)

UNE BOHÉMIENNE.
On trouve un objet charmant ,
Contre lui l'on se tient en garde :
Qu'il se plaigne de son tourment.
Que d'un air tendre il vous regarde;
Sa peine vous touche en secret :
Voilà le trait
Qu'Amour vous garde.

LE CHŒUR.
Voilà le trait
Qu'Amour vous garde.

LA BOHÉMIENNE.
Votre amant veut du retour,
A lui céder, votre cœur tarde,
Mais à feindre un nouvel amour

Qu'avec adresse il se hasarde ;
Sa feinte vous touche en secret ;
Voilà le trait
Qu'Amour vous garde.

LE CHŒUR.

Voilà le trait
Qu'Amour vous garde.

(On danse.)

(Le petit Bohémien va déposer son arc et sa flé-
che aux pieds de la Comtesse.)

LE PRINCE, *à la Comtesse.*

Dans vos beaux yeux l'Amour voit ses vainqueurs,
Il dépose à vos pieds ses armes :
Oui, pour soumettre tous les cœurs,
Il n'a besoin que de vos charmes.

(Ils sortent,)

SCÈNE XII.

LE PRINCE, LA COMTESSE.

LA COMTESSE.

AH ! c'est trop m'outrager : quel est votre projet !

LE PRINCE.

Vous outrager ! qui ? moi !

LA COMTESSE.

Je n'ai pu m'y méprendre :
De votre fête une autre étoit l'objet :
Votre haine est le prix de mon amitié tendre.

LE PRINCE.

Puissiez-vous ainsi me haïr !

(àpart.)

(*à part.*)

Que je serois heureux ! Je crains de me trahir.

D u o.

LA COMTESSE.

Il faut vous fuir : ma présence vous gêne.

LE PRINCE.

Si vous saviez, hélas ! quelle est ma peine !

LA COMTESSE.

Séparons-nous.

LE PRINCE.

Non, non.

LA COMTESSE.

Séparons - nous.

LE PRINCE.

Comment pouvoir vivre sans vous ?

E n s e m b l e.

LA COMTESSE.

J'aurois voulu vivre pour vous.

LE PRINCE.

Comment pouvoir vivre sans vous !

LE PRINCE, *avec transport.*

Connoissez toute ma tendresse.

LA COMTESSE.

Ah ! cachez - moi votre foiblesse ;
Séparons - nous.

LE PRINCE.

Non, non,

LA COMTESSE.

Séparons - nous.

F

LE PRINCE, LA COMTESSE, *à part.*
J'ai donc perdu le bonheur de ma vie.

LA COMTESSE, *tendrement.*
Cher Prince !

LE PRINCE, *tendrement.*
Chère Amélie !

ENSEMBLE, *à part.*
Nos jours auroient été si doux !

LA COMTESSE, *au Prince.*
Cher Prince !

LE PRINCE, *à la Comtesse.*
Chère Amélie !

ENSEMBLE.
J'aurois fait toute ma vie
Mon bonheur d'être avec vous.

SCÈNE XIII.

LE PRINCE, LA COMTESSE,
FABRICE ; COLINETTE,
JULIEN *tous deux en domino.*

FABRICE, *au Prince.*
POUR le bal tout est prêt :

LE PRINCE, *à Fabrice.*
Ordonnez qu'il commence.

COLINETTE, *au Prince.*
Permettez qu'avec moi Julien y danse aussi.

LE PRINCE.
Très - volontiers.

JULIEN, *á part.*

J'ai bien cœnr à la danse.

L**A** COMTESSE, *á part.*

Oui, je veux qu'avec moi Julien d'intelligence,
Emmene dès ce soir Colinette avec lui.

SCÈNE XIV.

TROUPE DE MASQUES.

(*On danse.*)

(*A la fin de la danse, le Prince et Julien arrivent d'abord, ensuite la Comtesse et Colinette.*)

(*Le Prince a pris le domino de Julien, et Julien a mis un autre domino.*)

L**E** PRINCE, *á Julien.*

Sous ce nouveau déguisement,
Tu peux jouer ton rôle auprès de ta maîtresse.

JULIEN.

Moi, Monseigneur !

L**E** PRINCE.

Fais le Prince un moment.

JULIEN, *á part.*

De Colinette éprouvons la tendresse.

L**E** PRINCE.

Je paroîtrai Julien aux yeux de la Comtesse.

Q**UATUOR**.

JULIEN, *á part.*

Quoi ! moi-même être mon rival !

De sa bouche que vais-je apprendre !

LE PRINCE, *à part.*

Voici pour moi l'instant fatal ;
De sa bouche que vais-je apprendre !

LA COMTESSE, *à part.*

J'éprouve un sentiment trop tendre :
Ah ! que mon cœur se défend mal !

COLINETTE, *à part.*

Se croire un prince pour rival !
Ah ! quelle épreuve ! à quoi m'attendre !

COLINETTE., *arrêtant Julien qu'elle prend*
pour le Prince

Voici le Prince.

LA COMTESSE, *arrêtant le Prince qu'elle prend*
pour Julien.

Ah ! c'est Julien.
Mon cher ami :

COLINETTE.

Mon bon Seigneur !

LE PRINCE, ET JULIEN.

Eh bien !

LA COMTESSE.

Tu peux me rendre un grand service.

COLINETTE.

Il faut que ma peine finisse.

JULIEN.

Je ne puis vous refuser rien.

LE PRINCE.

Je ferai tout pour votre bien.

LA COMTESSE.

Colinette est chere à Julien ;

Le Prince aime aussi ta maîtresse.

LE PRINCE.

Je n'en crois rien ;
C'est vous, Madame la Comtesse,
Que Monseigneur....

LA COMTESSE.

Je n'en crois rien.

LE PRINCE.

Je le sais bien.

COLINETTE.

Vous voyez ce pauvre Julien,
Par sa douleur il m'intéresse.

JULIEN.

Je n'eu crois rien.

ENSEMBLE.

LA COMTESSE, JULIEN.

Je n'en crois rien.

COLINETTE, LE PRINCE.

Je le sais bien.

LA COMTESSE.

Ramène la dans son Village,
Et je vous donne en mariage
Deux mille écus.

LE PRINCE.

Quel bonheur !

(*A part.*)
Seroit-il donc vrai qu'elle m'aime,

JULIEN,

Songez que Monseigneur vous aime,
Qu'il veut faire votre bonheur.

COLINETTE, *à part,*

Voudroit-il éprouver mon cœur ?

JULIEN, *à part.*

Elle se tait : ô peine extrême ?

ENSEMBLE, *à part.*

LE PRINCE.

Seroit-il vrai qu'elle m'aime ?

COLINETTE.

Est-il vrai que Monseigneur m'aime ?

JULIEN.

Comment cacher ma peine extrême ?

LA COMTESSE.

Ah ! je le sens, il faut que j'aime.

LE PRINCE.

Que vous méritez bien
Que Monseigneur vous adore ?

LA COMTESSE, *à part.*

Qu'il m'adore ?

LE PRINCE.

Plus que jamais encore
Il vous adore :
Je le sais bien.
Quel bonheur est égal au snei

(*A part.*)

Si vous l'aimez ? Cruel silence !

JULIEN.

Entre un Prince et Monsieur Julien,
Il est un peu de différence.

COLINETTE.

Je le sais bien ,

Mais Julien m'aime avec constance :

(*A part.*)

Et vous l'aimez ? Je suis en transe.

LE PRINCE.

Cruel silence !

JULIEN.

Je suis en transe.

LE PRINCE ET JULIEN.

Quel bonheur est égal au sien,
Si vous l'aimez !

LA COMTESSE ET COLINETTE.

Ah ! si je l'aime !

JULIEN, *baisant la main de Colinette.*

Colinette.

LE PRINCE, *baisant la main de la Comtesse.*

Amélie.

LA COMTESSE, *reconnoissant le Prince.*

Ah ! Prince.

COLINETTE, *reconnoissant Julien.*

C'est Julien.

LE PRINCE.

Bonheur extrême ?

COLINETTE, *à Julien.*

Ah ! le beau Prince que voilà !

LA COMTESSE *et* LE PRINCE.

Bonheur suprême.

Oui, je vous aime.

COLINETTE, *à Julien, en s'en allant.*

Adieu, mon Prince !

COLINETTE

JULIEN.

Elle s'en va.

C H Œ U R *de Masques.*

Que la folie
Est jolie !
Son plaisir charme et varie
Notre vie :
Qu'elle régne en ces lieux ;
Tous les fous sont heureux.

(Golinette sort, le Prince et la Comtesse la sui-
vent. Des masques entourent Julien, et par leurs
danses, l'empécbent de sortir.)

Fin du second Acte.

———

ACTE

ACTE TROISIÈME.

Le Théâtre représente une Chambre rustique.

SCÈNE PREMIÈRE.

MATHURINE, JUSTINE.

JUSTINE.

Oui, je répond de Colinette.
Comme de moi, ma mère.

MATHURINE.

Et non pas moi :
Je l'ai toujours bien dit, ma nièce est trop coquette;
Bonne leçon pour toi.
Fille jolie et coquette,
A toujours mille amoureux,
Chacun la poursuit, la guette.
Chacun lui fait les doux yeux.
Puis après vient la fleurette,
Bouquets, rubans et chansons,
Rien ne coûte à ces garçons
Pour attraper une fillette :
La tête tourne à la pauvrette,
Et puis son cœur.... ah ! ah ! le cœur ?
Fille jolie et coquette,
C'est souvent un grand malheur.

G

JUSTINE.

Julien doit ramener avec lui ma cousine.

MATHURINE.

Bon ! elle songe bien à présent à Julien.

JUSTINE.

Il ne vient point et cela me chagrine...
      Ah ! te voilà, mon cher Bastien.

SCÈNE II.

MATHURINE, JUSTINE, BASTIEN.

JUSTINE.

De Colinette as-tu quelque nouvelle ?

BASTIEN.

Je n'ai pu, que de loin l'entrevoir un instant ;
Dans son champêtre habit elle sembloit plus belle
Que ces Dames de Cour en riche ajustement,
      Aussi, dit-on, le Prince amoureux d'elle.

MATHURINE.

Colinette est perdue, ah ! malheureux Julien ?

BASTIEN, *à Justine.*

L'Himen va nous unir : quel bonheur est le mien !

TRIO.

JUUSTINE.

Mais pouvons-nous sans Colinette
Faire nos accords dans ce jour.

BASTIEN.

Autant que toi je la regrette,
Mais l'Amitié cède à l'Amour.

MATHURINE.

La fête auroit été complette ;
Que va-t-elle faire à la Cour !

ENSEMBLE.

JUSTINE.

Mais différons au moins d'un jour,

BASTIEN.

C'est un siècle pour moi qu'un jour.

MATHURINE.

Que va-t-elle faire à la Cour ?

JUSTINE, *à Bastien.*

Veux-tu par notre allégresse,
Insulter à la tristesse
De Julien à son retour ?

BASTIEN, *à Justine.*

Se peut-il que ma Justine
Me tourmente, me chagrine
Par un refus à son tour ?

MATHURINE.

Ma nièce toujours si sage !
Mais elle étoit au Village,
Et la Cour.... ah ! quel séjour ?
Que va-t-elle faire à la Cour.

BASTIEN.

Tu me préfères, Colinette ?

MATHURINE.
Pauvre Julien ?

JUSTINE.

Mon cher Bastien !

MATURINE.

La fête auroit été complette.

BASTIEN.

Que l'Amitié cède à l'Amour.

ENSEMBLE.

BASTIEN.

Que l'Amitié cède à l'Amour.

JUSTINE.

Que l'Amitié cède à l'Amour.

MATURINE.

Que va-t-elle faire à la Cour !

BASTIEN.

De notre heureux Himen rien ne doit nous distraire.

SCENE III.

MATAHURINE, JUSTINE, BASTIEN, LE NOTAIRE, Garçons *de la nôce.*

CHŒUR *des* GARÇONS.

Honneur à Monsieur le Notaire !

UN GARÇON.

Qu'il a d'esprit, de savoir faire !
Quatre mots qu'il a griffonés
Rendent deux amans fortunés :
La bonne affaire !

LE CHŒUR.

Honneur à Monsieur le Notaire !

Un autre GARÇON.

Que l'Amour soit trop téméraire ,

Un bon contrat , fait à propos,
Sait mettre l'honneur en repos :
La bonne affaire !

L E CH Œ U R.

Honneur à Monsieur le Notaire !

BASTIEN, *à Justine.*

Tu vas donc pour toujours t'engager avec moi !

JUSTINE.

Quels sermens ai-je encore à faire,
Le jour que tu reçus ma foi,
Je jurai de n'être qu'à toi,
Et ma promesse étoit sincère.

D u o.

BASTIEN·

Ah ! Justine ! que tu m'es chère !

JUSTINE, BASTIEN.

Plus que jamais mon cœnr épris,
Connoît le prix,
D'un amour fidèle et sincère.

BASTIEN.

Ah ! Justine ! que tu m'es chère ?

JUSTINE.

Ah ! Bastien ! que tu sais me plaire !

SCÈNE IV.

MATHURINE , JUSTINE , BASTIEN, COLINETTE . FABRICE , *les* Garçons *de la nôce , les* Filles *du Village , précédées des violons.*

Le Chœur *des Filles.*

Colinette est de retour.

MATHURINE , JUSTINE , BASTIEN.
les Garçons *de la Nôce.*
Colinette est de retour.

Le Chœur *des Filles.*
Tous nos chagrins cessent.
Nos plaisirs renaissent :
C'est la fête de l'Amour.

Chœur Général.
Colinette est de retour ;
C'est la fête de l'Amour.

COLINETTE , *avec transport.*
Ah ! Justine , ... Ma chère tante !...
Mes amis... embrassez-moi tous :
Je suis toujours Colinette pour vous.

FABRICE.
La Comtesse a du Prince enfin comblé l'attente.

Le Chœur.
Ah ! quel bonheur ?

FABRICE.
De leur Himen Colinette à l'honneur.

Le CHŒUR.
Ah ! quel bonheur !

FABRICE.
A son amant toujours fidelle ,
De ses transports jaloux pour corriger Julien ,
Elle a feint de changer.

Le CHŒUR.
Ah ! ah! pauvre Julien !

FABRICE.
Colinette à ses yeux en est encor plus belle.

JUSTINE, *à Colinette.*
Son cœur est bien digne du tien.

FABRICE, *à Colinette.*
Le Prince doit venir lui même ,
De votre Himen serrer les nœuds.

COLINETTE, *à Fabrice.*
D'un cœur reconnoissant , offrez pour moi les vœux.
Et dites-lui combien je l'aime.

Le CHŒUR.
Nous n'aimons en lui que lui-même ;
Dites-lui bien que chacun l'aime.

(*On reconduit* FABRICE *en chantant le chœur.*)

SCENE V.

MATHURINE , JUSTINE , BASTIEN , COLINETTE, LE NOTAIRE, Garçons, Filles *du village.*

JUSTINE, *à Colinette.*

Pourquoi donc avec toi Julien ne vient-il pas!
COLINETTE.
Il va bientôt accourir sur nos pas.
Mais Julien doute encor que mon cœur lui pardonne.
JUSTINE.
Comment! toi, dont l'ame est si bonne.
COLINETTE.
J'ai plus que lui cent fois souffert de sa douleur.
JUSTINE.
Quelqu'un vient : est-ce lui?
BASTIEN.
C'est un brillant Seigneur.

SCÈNE VI.

Les Précédens, JULIEN.

Le CHŒUR.

Ah! ah! la plaisante figure!
Est-ce Julien! est-ce Julien?
COLINETTE.
Ah! te veilà , mon cher Julien!
Tous.

T o u s.

MATHURINE, LE CHŒUR.

Est-ce bien toi, mon cher Julien ?

COLINETTE.

Je te revois, mon cher Julien !

BASTIEN.

Ah ! te voilà, mon cher Julien ?

JULIEN.

Aimes-tu donc encor Julien ?

JUSTINE.

Heureux Julien ! on t'aime bien ?

LE CHŒUR.

Quelle brillante parure !

JULIEN , *ôtant son habit doré.*

Au diable soit la parure ?

T o u s.

Ah ! c'est Julien !

COLINETTE.

Mon cher Julien !

JULIEN.

Oui, c'est Julien.

COLINETTE.

Es-tu sûr à présent du cœur de ta maîtresse ?

JULIEN.

Pardonne un excès de tendresse :
Ton amour seul peut égaler le mien.

D u o.

COLINETTE , *à Julin.*

Avec plasir je renouvelle
Le serment de t'aimer toujours.

JULIEN.

Dans tes bras l'amour me rappelle,

H

Et pour toujours, oui, pour toujours.

ENSEMBLE.

C'est toi qui de mes jours
Embelliras le cours ;
En nous aimant toujours,
Que de bonheur ! que de beaux jours !

JULIEN.

Dans la jeunesse
On nous verra
Nous caresser sans cesse.

COLINETTE.

Dans la vieillesse
On enviera
Nos soins, notre tendresse.

JULIEN.

Dans la jeunesse.

COLINETTE.

Dans la vieillesse.

ENSEMBLE.

En nous aimant toujours,
Que de bonheur ! que de beaux jours !

SCÈNE VII.

LES PRÉCÉDENS, LE BAILLI.

LE BAILLI.

RASSEMBLEZ-vous tous à la fête,
Que par l'ordre du Prince au village on apprête.

BASTIEN ET JULIEN.

Le bon Seigneur ! et quels soins généreux !

LE CHŒUR.

L'Amour constant, l'Himen joyeux,

Ne se plaît qu'au village,
   Ah ! qu'en ménage
   On est heureux,
Quand on est amoureux !
   Constans et joyeux,
   Nos cœur amourenx,
   Toujonrs deux à deux
   Sont heureux.

(*Le Théâtre change, et représente la place du village, éclairée en petites Lanternes : et le château du Seigneur, dans le fond, illuminé en transparans. On voit de tous côtés des grouppes de Buveurs, á table.*)

SCÈNE VIII.

CHŒUR DE BUVEURS.

CHANTONS et buvons tous ensemble,
A la santé de Monseigneur ;
Le vin qui coule en son honneur,
   Semble toujours meilleur.

SCÈNE IX,

LE BAILLI, LE NOTAIRE, COLINETTE, JULIEN, JUSTINE, BASTIEN, LES GARÇONS *et* FILLES *du village, les Joueurs de Violon, troupe de* BUVEURS.

COLINETTE, JULIEN, *avec le* CHŒUR.

L'AMOUR constant, *etc.*

CHŒUR DE BUVEURS.

Buvons, buvons, *etc.*

COLINETTE, *à Julien.*

L'Amour enfin, nous rassemble!

JUSTINE.

Quel beau jour de Fête pour nous!

JULIEN, BASTIEN.

Heureux Amans, tendres Époux,
Que nos plaisirs sont doux!

CHŒUR *de Garçons et de Filles.*

L'Amour enfin, vous rassemble,
C'est une Fête pour nous tous :
Tous nos cœurs sont à vous.

(*On fait asseoir à table Colinette, Justine, le*
Bailli, le Notaire, et toute la Nôce.)

CHŒUR GÉNÉRAL.

Buvons, buvons tous ensemble,
A la santé de Monseigneur.

SCÈNE DERNIÈRE.

LES PRÉCÉDENS, LE PRINCE, LA
COMTESSE *et sa suite.*

LE PRINCE.

MES chers amis, je viens de vous entendre,
Et je suis trop payé de mes soins bienfaisans;
Qu'il est doux, pour un père tendre,
D'être au milieu de ses enfans.

LE CHŒUR.

Oui, oui, nous sommes vos enfans,

Vous êtes notre père :
Nos cœurs, nos vœux, nos sentimens
Seront à vous dans tous les tems.

LE PRINCE.

Oui, mes enfans, je serai votre père,

LA COMTESSE.

Quelle famille intéressante et chère ;

LE CHŒUR.

Aimez - nous tous deux,
Nous serons toujours heureux.

LE PRINCE, LA COMTESSE.

Nos soins à tous deux,
Seront de vous rendre heureux.

COLINETTE.

Vous nous aimez, c'est un bienfait des cieux.

JUSTINE.

De leurs trésors, c'est le plus précieux.

MATHURINE, JULIEN, BASTIEN.

Même ardeur nous enflamme,
Nous ne formons qu'une ame.

LE CHŒUR.

Oui, nous vous aimons comme eux,
Mais venez tous deux,
Embellir souvent ces lieux.
Venez tous deux,
Rendre vos enfans heureux.

LE PRINCE, LA COMTESSE.

Nous viendrons tous deux,
Avec vous pour être heureux.

LA COMTESSE, *au Prince.*

Ah! quelle image touchante!

LE PRINCE, *à la Comtesse.*

Quelle scène attendrissante.

LE PRINCE, LA COMTESSE.

Je sens couler mes pleurs.

Leurs sentimens ont passé dans nos cœurs.

LE CHŒUR.

Aux Dieux offrons nos prieres ;

Ils ne refusent point les cœurs purs et sinceres.

O Ciel ! comblez de vos faveurs

Nos bienfaiteurs :

Conservez-nous nos protecteurs.

ENSEMBLE.

LE CHŒUR.

Mais venez tous deux ,

Rendre vos enfans heureux.

LE PRINCE, LA COMTESSE.

Nous viendrons tous deux ,

Avec vous pour être heureux.

LA COMTESSE.

J'ai promis à Julien , la dot de Colinette.

LE PRINCE.

Je serai de moitié pour acquitter la dette :

C'est la fidélité que nous récompensons.

CHŒUR *de Garçons.*

Quel doux espoir pour les Fillettes !

CHŒUR *de Filles.*

Ah ! quel trésor pour les Garçons !

COLINETTE, JULIEN.

Avec transport nous jouissons,

Du bien que vous nous faites.

TOUS ENSEMBLE , *au Prince et à la Comtesse.*

Du vrai bonheur nous jouissons :

Il se trouve où vous êtes.

LE PRINCE ET LA COMTESSE.

De vos transports nous jouissons :
Quel plaisir vous nous faites.

(Pendant ce dernier Chœur, toute la nôce recon-
duit le Prince et la Comtesse.

(On forme différentes danses de caractères : et les
Garçons et les Fille du village apportent des
bouquets , et des présens aux mariés.

RONDE.

COLINETTE.

L'amitié vive et pure
Donne ici des plaisirs vrais :
C'est la simple nature,
Qui pour nous en fait les frais.
Gaîté franche, amour honnête ,
Ramenent le bon vieux tems :
Chez nous c'est encore la fête,
La fête des bonnes gens.

JULIEN.

Les nœuds du mariage,
Sont chez nous tissus de fleurs.
De chaque heureux ménage,
Le plaisir fait les honneurs.
Du bonheur on est au faîte,
Sitôt qu'on a des enfans ,
En famille on fait la fête,
La fête des bonnes gens.

BASTIEN.

La grandeur, l'opulence ,

COLINETTE

Ne font point d'heureux époux ;

JUSTINE.

Tendres soins et constance,
Sont les seuls trésors pour nous.

BASTIEN.

Le plaisir que l'or apprête,
Ne rend pas les cœurs contens.

ENSEMBLE.

L'Amour embellit la fête,
La fête des bonnes gens.

MATHURINE, *au public.*

Par de grands airs tragiques
A la ville on attendrit ;
Par des concerts rustiques
Au village on se réjouit :
Sans vous fatiguer la tête,
Par des accords trop savans
Venez tous rire à la fête,
La fête des bonnes gens.

LE CHŒUR.

Venez tous rire à la fête,
La fête des bonnes gens.

BALLET GÉNÉRAL.

FIN.